LE CULTE
DE
SAINT SYMPHORIEN
A
VERNÈGUES
ET
DANS LE DIOCÈSE D'AIX

PAR

M. l'abbé BOUCHET

CURÉ DE VERNÈGUES

SE VEND AU PROFIT DE LA CHAPELLE

AIX
IMPRIMERIE J. NICOT, 16, RUE DU LOUVRE
1890

Imprimatur,

Aquis-Sextiis, die 9 maii 1890,

F. GUILLIBERT,

Vicarius generalis.

L ✝ S

AVERTISSEMENT

Nous avons composé ce petit livre pour l'édification et l'utilité des pèlerins. Tout en les instruisant sur la vie, les vertus et la glorieuse mort de saint Symphorien, il leur fera connaître tous les détails du culte qu'on rend à ce saint dans notre paroisse et leur procurera le moyen de chanter ses louanges.

Ce livre est divisé en trois parties : *Une vie abrégée de saint Symphorien.* — *Une notice sur le culte, la chapelle et le pèlerinage.* — *Divers cantiques en l'honneur du saint.*

Puissent ces quelques pages contribuer à répandre de plus en plus la dévotion à notre glorieux patron auquel nous les dédions pieusement !

INTRODUCTION

Le Christ venait à peine d'expirer sur la croix, que son nom devint bientôt célèbre dans la Gaule comme ailleurs. Partie du Calvaire, la bonne nouvelle arriva en Provence avec la famille de Béthanie et avec quelques disciples de saint Paul, tels que Trophime d'Arles, Crescent de Vienne, Martial de Limoges. De là, les communications avec plusieurs points de la Gaule étaient faciles et nombreuses. L'Evangile remonte la vallée du Rhône, visitant à droite et à gauche, Aix, Arles, Nîmes, Avignon, et arrive rapidement à Vienne et à Lyon. Ensuite, prenant la vallée de la Saône, il pénètre bientôt dans le pays des Eduens dont Augustodunum était la capitale. Il n'y laisse, pour le moment, que quelques humbles et faibles germes ; mais ils ne tarderont pas à grandir, à un siècle de là.

Nous sommes à l'an 160, sous le pontificat d'Anicet. Un noble vieillard, portant sur son front vénérable, la sérénité de la vertu et la majesté du pontife, vient de Smyrne à Rome pour se concerter avec le successeur de saint Pierre relativement à la fête de Pâques, et aussi pour mettre à sa disposition de nouveaux ouvriers évangéliques. C'est l'évêque Polycarpe, disciple de saint Jean, l'apôtre bien-aimé. Un homme, couronné de mérites et de cheveux blancs et quelques jeunes disciples l'accompagnent. Ce vieillard, c'est Pothin; ces jeunes apôtres, ce sont Irénée, Bénigne, Andoche, le diacre Thyrse, le sous-diacre Andéol, et peut-être Valérien et Marcel.

Le saint pape Anicet et le saint évêque de Smyrne forment, dans leur entrevue, le généreux complot de soulever enfin la Gaule contre le culte des faux dieux, et destinent à sa conquête définitive cette phalange d'ouvriers apostoliques.

Nos saints apôtres prennent le chemin de la Gaule, pendant que Polycarpe reprend la route de l'Asie, et arrivent bientôt à Lyon. Pothin, Marcel, Valérien et Irénée s'y arrêtent. Bénigne, Andoche et Thyrse se dirigent vers l'antique et auguste cité d'Autun, ce grand centre de l'administration romaine, et en même temps de la religion, des lettres, des plaisirs et des richesses, où affluait une population nombreuse, vaste champ pour leur zèle. Rien n'a traversé leur voyage ; l'ange de Dieu a marché devant eux pour leur préparer les voies et leur ouvrir les cœurs.

Plus heureux que saint Paul à Athènes, Bénigne et ses deux compagnons trouvent quelques chrétiens dans Augustodunum. Parmi ces premiers fidèles, il y en a un, remarquable entre tous par ses vertus et par le rang qu'il occupe dans la cité. Les saints missionnaires le connaissent-ils de nom ? Lui ont-ils été adressés par quelque chrétien de Lyon ou d'ailleurs? On peut le supposer. Quoi qu'il en soit, ils ont entendu parler de ce chrétien qui brille aux yeux du monde par l'éclat de sa noblesse, et aux yeux de Dieu par son affectueuse charité et sa foi vive. Ils le cherchent ; et la Providence permet, par un heureux concours de circonstances, qu'ils le rencontrent bientôt. Ils se présentent, l'abordent en se faisant connaître ; et voilà qu'un homme au costume patricien, à la démarche noble, aux manières distinguées, au visage doux, les accueille avec bonheur.

« Je suis votre frère, où plutôt votre fils dévoué, leur dit-il, depuis longtemps je demandais à Dieu et j'attendais des ministres de Jésus-Christ : il m'a exaucé, soyez donc les bienvenus. »

Cet heureux chrétien, qui mérita de recevoir les trois apôtres, s'appelait Fauste. Chef d'une très noble famille sénatoriale, décoré de la dignité de préteur, il jouissait dans Autun d'une grande considération.

Fauste avait une épouse digne de lui, comme lui

chrétienne, pieuse et forte dans la foi. Son nom était Augusta. Elle avait donné à son époux un fils, unique gage de leur pieux amour, unique objet sur la terre de leurs affections comme de leurs espérances. Il se nommait Symphorien.

1re PARTIE

CHAPITRE I

Premières années et Baptême de saint Symphorien

Fauste et Augusta ne connaissaient pas encore toute la valeur du don que le ciel leur avait fait, ni la sublime destinée réservée à leur enfant ; mais, en parents véritablement chrétiens, ils l'élevaient pour le ciel avant de l'élever pour la terre ; ils l'aimaient pour lui-même ; ils l'aimaient pour Dieu et le lui offraient chaque jour. Toute leur ambition était de transmettre à ce cher enfant le céleste héritage de la foi. Persuadés que les premières impressions demeurent dans l'âme, ils travaillèrent à son éducation religieuse dès ses plus tendres années et le préparèrent de bonne heure au saint baptême.

Rien ne précéda dans son cœur l'amour et la connaissance de Jésus, l'amour et la connaissance de Marie, sa divine mère. A mesure que sa jeune âme se développait sous l'influence de leurs enseignements, Fauste et Augusta s'empressaient d'y introduire un rayon de cette doctrine descendue du ciel, qui est si pleine d'attraits pour les petits enfants et qui ouvre de si larges horizons aux plus grands génies. Aussi l'enfant béni, à l'exemple du Sauveur, croissait en âge et en sagesse devant Dieu et devant les hommes. Précoce pour toutes les vertus de son âge, le jeune Symphorien ne le fut pas moins pour les connaissances humaines et les lettres profanes.

Fauste et Augusta, voulant faire de leur fils un homme complet, devaient en faire un chrétien éclairé autant que solide. Les leçons humaines qui s'adressent à l'esprit et les enseignements divins qui forment le cœur marchaient donc parallèlement, les premières, sous la direction du père et les seconds, sous l'inspiration directe d'Augusta. Les progrès de l'enfant étaient remarquables, et répondaient ainsi à la double intention de ses nobles parents. Mais la foi surtout croissait et se fortifiait dans son âme, semblable à un jeune chêne plein de sève et de vigueur qui, dans une terre bien préparée, monte rapidement vers le ciel, tout en jetant de profondes racines dans le sol.

Pendant que Fauste et Augusta s'occupaient à faire l'éducation chrétienne de leur enfant et le préparaient au saint baptême, arrivèrent à Autun les disciples de Polycarpe, Bénigne, Andoche et Thyrse. Nous avons dit comment Fauste les accueillit et combien il fut heureux de les recevoir dans sa maison. L'arrivée des trois apôtres fut une fête ; Fauste y convoqua tous les membres de sa famille, tous ses amis qui, déjà chrétiens par le désir, n'attendaient que le baptême. Comme tous étaient heureux ! avec quel respect ils écoutaient la divine parole qu'on leur prêchait ! et avec quelle ferveur ils se préparaient à la régénération spirituelle !

Mais, dans ce bercail, il y avait une brebis de prédilection ; c'était le jeune fils de Fauste et d'Augusta. Avec quels soins empressés et affectueux les ministres de Jésus-Christ travaillaient à parfaire son instruction chrétienne ! et déposaient la divine semence dans cette âme innocente et privilégiée !

Bientôt la volonté de Symphorien parut assez forte, son esprit assez éclairé, sa piété assez vive, son cœur assez ardent pour qu'il fût permis de fixer à une date très rapprochée la solennité du baptême et la participation aux divins mystères. Symphorien devait être alors dans sa douzième année. A cette nouvelle, le jeune catéchumène sentit un frémissement de crainte révérentielle et filiale, joint à un tressaillement de pieuse joie.

Les autres catéchumènes, qui étaient de la maison et de la famille de Fauste, ou ses amis, avaient été instruits également par les saints missionnaires. Ils étaient prêts à recevoir la même grâce. Cependant un petit oratoire secret avait été préparé vraisemblablement dans la maison même de Fauste, et décoré aussi splendidement que possible par les mains pieuses d'Augusta. Elle et son noble époux avaient voulu que le baptême et la première communion de leur fils fussent entourés du plus grand éclat.

C'était la nuit de la grande fête de Pâques, peut-être de la Pentecôte ou de l'Epiphanie ; les catéchumènes sont réunis ; dans une place d'honneur, Symphorien semble transfiguré ; la piété rayonne sur son visage ; un charme spécial brille dans toute sa personne. On le regarde, on l'admire, on est attendri. Alors Bénigne et Andoche arrivent avec leur diacre Thyrse. « — Que demandez-vous, dit à l'enfant, le ministre de Dieu? « — le baptême, » répondit avec émotion Symphorien. « — Avez-vous et voulez-vous toujours avoir une foi inébranlable en Jésus-Christ? « — Oui, avec la grâce de Dieu. »

Alors l'aimable et généreux enfant fut marqué du signe de la croix et consacré pour toujours à Jésus-Christ, par l'onction de l'huile sainte. Puis vinrent les exorcismes, les oraisons solennelles, les demandes suivantes : « — Renoncez-vous à Satan, à toutes les coupables vanités, à toutes les fêtes païennes qui pourraient souiller vos regards et flétrir votre cœur? Renoncez-vous à l'enfer » ? « — J'y renonce » répondit-il avec une modeste assurance.

Enfin, selon le vœu de son père, Symphorien fut plongé dans l'onde régénératrice par Bénigne qui prononçait en même temps les paroles sacramentelles.

Après le baptême qui donne la vie et fait chrétien, le ministre de Dieu appela sur l'enfant les dons de l'Esprit Créateur qui augmentent cette vie céleste, qui éclairent et fortifient. Il lui imprima sur le front le sceau ineffaçable qui transforme le simple disciple de Jésus-Christ, en soldat armé pour la lutte et préparé pour la victoire. Voilà donc le fils de Fauste oint comme un athlète pour combattre les combats du Seigneur, où plutôt marqué comme une victime choisie destinée au sacrifice.

Quand les autres catéchumènes eurent également reçu le grand sacrement qui ouvre les portes de l'Eglise et du Ciel, le voile du sanctuaire fut levé, et pour la première fois ils purent assister à la célébration des saints mystères et se nourrir de la chair du Sauveur. Que ne nous est-il donné de savoir ce qui se passa dans l'âme du futur martyr, au moment où le céleste époux reposa pour la première fois sur son cœur! Alors, sans doute, s'alluma dans son âme ce courage de héros qui devait braver un jour l'horreur des supplices comme la flatteuse séduction des promesses. Puis il courut se jeter, tout tressaillant des saintes joies du baptême et de la communion, dans les bras de ses parents. Avec quelle pieuse étreinte ils durent le presser sur leur cœur! Avec quelle tendresse ils durent déposer un baiser sur ce front si pur!

Tel était Symphorien; tel et plus beau encore il s'annonçait pour l'avenir, lorsqu'on le vit sortir tout rayonnant du sanctuaire où il venait de recevoir le père des lumières et le Dieu des vertus.

CHAPITRE II

Adolescence de saint Symphorien

Après l'auguste et touchante cérémonie du baptême et de la première communion de Symphorien à laquelle nous venons d'assister, les saints apôtres se préparèrent à aller porter plus loin l'Evangile de Jésus-Christ. Ils se dirigèrent vers l'antique Alise et annoncèrent la bonne nouvelle sur différents points du territoire éduen, tels que Saulieu, où Fauste possédait des terres considérables, Dijon et divers autres lieux. Ils pénétrèrent même jusqu'à Langres, capitale du pays des Lingons. Là vivait une sœur de Fauste, noble et riche dame, chrétienne fervente, nommée Léonille. Elle avait auprès d'elle ses trois petits-fils, trois frères jumeaux, encore plongés dans les ténèbres du paganisme.

Ces trois jumeaux, semblables à trois fleurs brillantes épanouies simultanément sur la même tige, dit la naïve et poétique légende, étaient dans tout l'éclat et toute la vigueur de la jeunesse; ils ouvrirent bientôt leur cœur à la parole de Bénigne et à la grâce du ciel.

Fauste apprit avec bonheur la conversion et le baptême de ses neveux : toutes les personnes qui lui étaient les plus chères étaient donc chrétiennes ! Cette nouvelle fut pour lui une consolation bien douce qui vint s'ajouter à celle que lui donnait chaque jour son fils Symphorien.

L'aimable enfant venait d'entrer dans la première adolescence. Chrétien fervent et solide, esprit distingué et sérieux, il ne connaissait que les joies de la piété unies aux joies du foyer domestique et à l'étude des lettres. Quelle jouissance pour Fauste et Augusta de continuer l'éducation religieuse et littéraire de leur fils ! Toutefois, nous pouvons croire qu'ils ne voulurent pas s'occuper seuls d'une tâche si importante. Ils n'eurent pas besoin d'aller chercher bien loin des maîtres sages et distingués. Autun était alors un des plus brillants foyers de lumière, un des plus grands centres d'étude de toute la Gaule.

Nous savons que Symphorien faisait des progrès remarquables dans l'étude des poètes, des orateurs et des historiens grecs et romains ; car ses actes nous font observer qu'il était instruit dans les lettres profanes qui avaient formé son esprit, aussi bien que dans les saintes lettres qui avaient formé son cœur. Son père, convaincu que la religion est comme l'arôme qui empêche la science humaine de s'enfler et de se corrompre, s'appliqua surtout à lui faire étudier d'une manière plus approfondie le christianisme et les livres saints ; et sa vénérable épouse l'aidait dans ce travail de chaque jour.

Veiller sur son fils, prier pour lui, lui donner les leçons de la religion et de la vertu était pour Augusta une joie autant que l'accomplissement d'un devoir. Ces sublimes enseignements, passant des livres saints dans le cœur et sur les lèvres de cette pieuse mère, arrivaient au plus intime de l'âme de Symphorien avec la double consécration de l'inspiration divine et de l'amour maternel. Ainsi se passa, tranquille et innocente, sous la garde de la piété chrétienne, sous l'heureuse direction d'un père et d'une mère dignes de ce nom, la première adolescence de Symphorien.

Suivons-le maintenant dans cet âge de transition. où l'homme n'est plus ce qu'il était, et n'est pas encore ce qu'il doit être, époque tourmentée, indécise et dangereuse ; mais ne craignons rien pour lui, il ne démentira pas de si beaux commencements.

Cependant le terme de ses premières études était arrivé, et il fallait mettre à son instruction le complément nécessaire par un enseignement plus sérieux et plus élevé. Il assista alors à ces brillants exercices de la parole appelés déclamations, et fréquenta ces fameuses écoles publiques où florissaient les hautes études des lettres grecques et latines, de l'éloquence et des lois, auxquelles se livrait la jeunesse gallo-romaine. Là, tout se réunissait pour attaquer la foi et la vertu de Symphorien; et le contact inévitable avec de nombreux condisciples abandonnés à eux-mêmes dans l'âge critique des passions ; et l'entraînement des discours, et l'entraînement plus irrésistible encore des exemples ; et toutes ces fêtes enivrantes si fréquentes dans une ville riche et aimant les plaisirs. Comment résister à tant d'assauts divers ? Cependant Symphorien ne faillira pas aux engagements sacrés de son baptême ; son esprit, d'ailleurs, est fortifié par une foi ardente, et son cœur affermi par le goût et la pratique de l'angélique vertu et par la divine charité.

Que n'y aurait-il pas à dire sur cette partie de la vie de notre saint, sur son éducation, sur son esprit de foi et de sacrifice et sur la pratique de la vertu ? Mais arrêtons-nous ; nous avons hâte d'arriver aux derniers jours de Symphorien.

CHAPITRE III

Martyre de saint Symphorien

L'église fondée par Bénigne, Andoche et Thyrse, avait grandi paisible et parée de toutes les vertus qui embellissaient les premiers âges de la foi. Mais voici que tout à coup aux jours de calme pieux va succéder la lutte jusqu'au sang.

Après une courte trêve accordée aux chrétiens en souvenir du miracle de la légion fulminante, l'empereur Marc-Aurèle rallume dans les Gaules le feu de la persécution, au mois d'août de l'an 177. C'est la chrétienté de Lyon la plus nombreuse et la plus florissante qui attire les premiers regards et reçoit les premiers coups des persécuteurs. On ne connaît les noms que de cinquante chrétiens à la tête desquels brillent le saint évêque Pothin et la jeune esclave Blandine. La persécution ne s'arrête pas là. A Tournus, saint Valérien a la tête tranchée; à Châlon, saint Marcel est enterré vivant jusqu'au milieu du corps et meurt trois jours après. A quelque temps de là, Bénigne, Andoche et Thyrse.

qui touchent de plus près à Symphorien, versent aussi leur sang, le premier à Dijon, les deux autres à Saulieu.

En apprenant ces glorieuses nouvelles, on devait se sentir fier d'être chrétien à Autun ! Symphorien, surtout, devait sentir palpiter dans sa jeune poitrine son cœur ardent et généreux. Il lui fallait aussi une de ces palmes, qu'il voyait dans la main des vainqueurs, et il appelait de ses vœux le jour du dernier combat. Il n'attendra pas longtemps l'heure de cette suprême gloire.

La persécution qui venait de sévir à Lyon, à Tournus, à Châlon, à Dijon et jusqu'à Saulieu, planait menaçante sur Autun. Héraclius, personnage consulaire, arrivait de Sens. Armé de l'édit impérial, il avait fait annoncer publiquement que le christianisme était proscrit. Par son ordre, on fit les perquisitions les plus minutieuses, dirigées par la sagacité la plus habile. Les chrétiens se virent donc obligés de cacher avec un soin plus attentif que jamais leurs pieuses réunions, d'ensevelir dans le secret et dans l'ombre les augustes cérémonies du culte.

Symphorien venait assidûment avec sa famille nourrir sa piété et fortifier sa foi dans ces assemblées nocturnes et si ferventes des premiers chrétiens d'Autun. Il devait approcher alors de sa vingtième année. C'était le type du jeune chrétien aux sentiments élevés, aux convictions fortes, à la foi inébranlable, plein de courage et de modestie. Il a grandi en âge et en sagesse ; il a marché de progrès en progrès. Maintenant donc la victime est prête ; elle est couronnée de toutes les fleurs de la jeunesse, de la science, des talents et de la vertu ; elle sera plus digne de Dieu, et le sacrifice sera plus grand, plus beau, plus méritoire. Jusque là, un sang précieux, mais étranger, avait arrosé la terre éduenne. Ni la vieille race celtique, ni la race gallo-romaine d'Autun, n'avaient encore acheté l'honneur d'être chrétiennes. Il est temps qu'elles le paient ; leur sang le plus noble, le plus généreux, le plus pur, le sang de Symphorien en doit être le prix.

Le cours de l'année 180 venait de ramener le mois d'août, et toute la ville était en réjouissance ; car le retour de cette saison était toujours le signal de pompeuses fêtes qui se célébraient en l'honneur de Cybèle, divinité chère aux Autunois. Dans cette circonstance, on portait en triomphe à travers les rues de la cité la statue de la prétendue mère des dieux. La foule devait se prosterner sur son passage et l'adorer. Tel était l'ordre de l'empereur. Ce jour-là, le hasard, ou pour mieux dire, la Providence permit que Symphorien rencontrât le profane et impur cortège. Aussitôt la rougeur lui monte au front, le zèle et l'indignation au cœur. La foi trahit à l'instant même sa vivacité par un généreux élan. Peut-être un geste involontaire, mais significatif, lui a échappé, plus prompt que l'éclair ; peut-être aussi un mot est sorti de ses lèvres. Quoi qu'il en soit, on l'a remarqué, on l'a signalé. La multitude s'ameute, s'agite et crie à la rébellion, au sacrilège ; elle insulte, elle menace : « — Tu as méprisé la mère des dieux ! lui crie-t-on de toute part ; il faut que tu répares ton crime en adorant la déesse. » Et l'on semble se préparer à l'entraîner vers l'idole. « — Jamais ! » répond Symphorien avec une attitude pleine de dignité et de résolution.

Sur le champ, il est arrêté et conduit devant le proconsul comme impie et séditieux. Ici recueillons-nous pour assister à une scène toute divine. La promesse du Sauveur va se réaliser. « Quand vous serez traduits devant les juges, ce que vous devrez dire vous sera inspiré. Vous n'aurez nul besoin de chercher des réponses, car ce n'est pas vous qui parlerez, mais l'esprit de votre père céleste parlera par votre bouche. » Ces réponses admirables auxquelles le jeune chrétien n'a point songé, elles viennent donc du ciel en passant par son cœur et par ses lèvres. Doublement précieuses, doublement chères, écoutons-les avec respect (1).

(1) Nous rapportons cet interrogatoire tel qu'il est dans les Actes de saint Symphorien.

« — Ton nom et ta condition » ? dit, en s'adressant à l'accusé, Héraclius assis sur son tribunal. « — Je m'appelle Symphorien et je suis chrétien » « — Tu es chrétien !... Il faut que tu aies bien su te cacher, à ce qu'il paraît ; car il était difficile qu'il y eût beaucoup de ces gens-là ici. Pourquoi as-tu refusé avec un insultant mépris d'adorer la mère des dieux ? » « — Je viens de te 'e dire, je suis chrétien et je n'adore que le vrai Dieu qui règne au ciel. Quant à ce simulacre de démon, non seulement je ne l'adorerai jamais, mais à l'instant même, si tu me le permets, je vais le réduire en poudre. » « — Il affecte une impiété sacrilège jointe à la rébellion ?.... Greffier, est-il citoyen de cette ville ? » Le greffier répondit que l'accusé était, en effet, d'Autun et même d'une des premières familles de la cité.

En ce moment le proconsul, qui d'abord avait été ravi de trouver l'occasion de faire un exemple, sembla éprouver quelque hésitation. Cependant il reprit, sans toutefois rien laisser voir, l'interrogatoire en ces termes. « — Il paraît, Symphorien, que tu te fais un jeu et une gloire d'afficher une certaine indépendance de caractère. C'est sans doute ta naissance qui t'inspire cette présomption ? Peut-être aussi que le désir seul de faire du bruit t'a jeté dans une secte maudite et poussé aujourd'hui à cet esclandre ? Mais tu ignores probablement l'édit du prince. Que le greffier en donne lecture. » Le greffier lut : « — Marc-Aurèle, empereur, à tous les gouverneurs et magistrats. Nous avons appris que certaines gens, qui de nos jours s'appellent chrétiens, violent les lois de l'empire. C'est pourquoi faites-les arrêter ; et s'ils refusent de sacrifier à nos dieux, qu'on les condamne d'abord à divers tourments, en sorte que le délai du supplice en justifie l'équité, et que la punition cesse dès que le crime cesse lui-même ; mais que par la mort des coupables on coupe enfin la racine du mal. »

Après cette lecture, le juge reprit ... « Eh bien ! Symphorien, qu'as-tu à répondre à cela ? Penses-tu que nous puissions aller contre des ordres si formels ? Si tu ne te soumets, la mort doit expier ton crime : les dieux outragés et les lois violées demandent ton sang. » « — Non, jamais, répondit Symphorien, je ne regarderai cette statue que comme une exécrable image du démon, un moyen inventé par l'enfer pour la perte des hommes.

Comment donc pourrais-je lui prostituer mon hommage ? Je sais qu'un chrétien qui regarde en arrière tombe dans l'abîme. Notre Dieu a des châtiments pour le crime comme il a des récompenses pour la vertu.

Il donne la vie à ceux qui lui obéissent et la mort à ceux qui lui sont rebelles. Ne vaut-il pas infiniment mieux pour moi persévérer avec une fermeté inébranlable dans la confession de ma foi et arriver ainsi au port où m'attend le roi éternel, que de faire, en suivant le démon, un mortel et irréparable naufrage ? » « — Puisque Symphorien refuse d'obéir et ajoute à sa faute l'obstination, licteurs, battez-le de verges et conduisez-le en prison » dit le proconsul.

L'ordre d'Héraclius s'exécute à l'instant. Le noble fils de Fauste fut donc battu de verges, comme un vil esclave, et jeté couvert de chaînes dans une horrible et obscure prison. Mais le Dieu qui sait donner à ses fidèles serviteurs une consolation pour chaque douleur, ne l'y laissa pas seul ; il y descendit avec lui, et allégea le poids de ses fers. Aussi, loin d'éprouver en cette circonstance la moindre défaillance, le jeune martyr semblait ne pas sentir les angoisses qui saisissent les âmes vulgaires à cet affreux moment. Il reposait calme dans une douce et pieuse résignation ; il dilatait son cœur dans la joie héroïque d'avoir été jugé digne de subir, à l'exemple et pour l'amour du divin maître, la douleur et l'ignominie de la flagellation ; il se trouvait content dans les fers, seul avec la satisfaction du devoir accompli et avec son Dieu.

Mais son vénérable père, sa tendre et courageuse mère durent lui porter aussi, avec les consolations si douces de la famille, les consolations plus douces encore, et surtout plus puissantes, plus sublimes de la religion. Les Actes se taisent à cet égard. Cependant on peut croire que le persécuteur ne poussa pas la barbarie jusqu'à leur refuser ce que la nature même réclamait pour eux. Mais qui nous dira ce qui se passa dans la prison ? Qui nous racontera les scènes, les colloques dont elle seule fut témoin ? Qui nous parlera de ces encouragements, de ces embrassements prodigués au plus aimant des fils ? et surtout de cette séparation, de cet adieu suprême, de ces dernières paroles, de ces derniers regards échangés entre Fauste, Augusta et Symphorien ?

Cependant plusieurs jours s'étaient écoulés. Le proconsul espèrant que le jeune et fier patricien son prisonnier, avait eu assez de temps pour apprécier la témérité de sa conduite, aussi bien que la gravité du danger qui le menaçait, ordonna qu'il comparût de nouveau.

Pour triompher plus sûrement, Héraclius ne négligera rien. Une imagination ardente, une âme fière de jeune homme, pense-t-il, se raidit contre un ordre et résiste aux menaces, mais se laisse facilement éblouir par des appâts brillants et gagner par des promesses flatteuses. Il dit donc à Symphorien :
« — Adore les dieux immortels, et je te promets un emploi éminent dans l'armée avec une riche gra-

tification sur le trésor public. Tu n'as qu'à courber le genou devant la statue vénérable de la mère des dieux. Si tu veux, parle ; et je vais à l'instant même faire orner de guirlandes les autels de nos divinités. On te présentera l'encens et les parfums, et tu offriras un sacrifice solennel. » « — De telles paroles, répondit le héros, te siéent bien mal. Un magistrat ne doit point consumer en discours frivoles un temps qui appartient tout entier aux affaires publiques. Je l'ai déjà dit, je n'adorerai jamais de misérables idoles. »

Le proconsul, étonné de voir déjouer ses calculs, continua pourtant à user de la même tactique et tenta un nouvel effort, en faisant des offres plus séduisantes encore, et reprit avec un calme apparent : « — Sacrifie aux dieux et tu seras comblé d'honneurs dans le palais même du prince, où tu occuperas un rang digne de ta naissance. »

« Je suis chrétien, répond l'adolescent, et je méprise tout ce que vous m'offrez. Nous devons tous mourir. Pourquoi n'offririons-nous pas à Jésus-Christ, comme don de notre amour, ce qu'il faudra lui payer un jour comme une dette ? Je sais ce que valent vos faveurs. Elles ne sont qu'un poison caché sous la douceur du miel. Vos biens ont l'éclat et la fragilité du verre. Mes richesses et ma félicité à moi sont en Jésus-Christ. Elles sont immuables, incorruptibles, éternelles comme Dieu qui en est la source. » — « Il y a assez longtemps, Symphorien, que j'ai la patience de t'entendre discourir de je ne sais quel Christ. Sacrifie à la mère des dieux ; ou bien aujourd'hui même les tortures et la mort. »

« — Mon choix est fait, reprend le saint jeune homme, je m'estime heureux de donner mon sang pour celui qui m'a racheté en versant le sien. Je ne crains ni les tourments, ni la mort. Mon corps est en votre puissance, mais mon âme est à l'abri de vos atteintes.

Cessez de me parler de vos dieux. On connaît la honte de leurs origines et de leurs vies. La plupart n'ont été que des hommes vicieux et corrompus. Et qui peut voir sans rougir les excès monstrueux de leurs adorateurs ?... »

Héraclius, trompé et vaincu, outré d'un secret dépit, plein d'une sombre fureur, interrompit brusquement le martyr par ces paroles de mort, la dernière raison des persécuteurs : « — Symphorien, en refusant publiquement de sacrifier aux dieux de l'empire, en insultant ouvertement à leur culte, à leurs autels, est convaincu du crime de sacrilège et de rébellion, de lèse-majesté divine et humaine. Qu'il ait la tête tranchée. »

La grande scène du sacrifice commence dès que la sentence est prononcée. En face d'une foule immense, avide de spectacles, Symphorien est debout, calme et recueilli dans la prière.

A cette heure solennelle, son front garde une sérénité qui est plutôt de l'ange que de l'homme. Bientôt les licteurs, élevant leurs haches et leurs faisceaux, signes de la puissance, se placent à ses côtés, les uns à droite, les autres à gauche. En avant et en arrière, on voit des soldats et des officiers d'Héraclius. Le proconsul lui-même est à cheval, prêt à commander la marche : on n'attend que son ordre pour se diriger vers le lieu des exécutions, par la grande rue aboutissant du prétoire à la porte de Saint-André.

Au signal donné, tout s'ébranle, et les flots pressés de la multitude s'ouvrent en frémissant. Au delà et près de la porte sous les murs de la cité, s'étend le long de la voie de Langres, le champ public. C'est là que doit tomber la tête du martyr ; car, d'après les lois romaines, les exécutions capitales ne se font point dans l'enceinte des remparts.

La foule, qui forme le funèbre cortège, ou, pour mieux dire, une marche triomphale, est animée des sentiments les plus divers. Les uns tressaillent d'aise en voyant qu'on va immoler un ennemi des dieux, de l'empire et du peuple, les autres sont frappés d'admiration à la vue du courage invincible de Symphorien. Quelques autres le saluent du regard et du cœur, et envient son bienheureux sort, en l'invoquant déjà comme un glorieux modèle. Ils sont venus accompagner leur jeune frère jusqu'à la porte du ciel, en attendant, en appelant de leurs vœux le moment où il leur sera donné à eux aussi, de franchir le seuil de la vie, qui pour un chrétien est le seuil de la félicité éternelle.

Cependant on approche du terme fatal. Voici les remparts avec la grande porte qui les domine. Déjà Symphorien a pu apercevoir à travers les larges arceaux le lieu désigné pour son supplice ; mais il n'a point tremblé. . . . Tout à coup une femme accourt. . . C'est Augusta, c'est sa mère. Fauste peut-être et quelques amis l'accompagnent. Comme la mère du sauveur, elle a voulu assister à la passion de son fils.

Mais que va-t-elle faire ? La nature l'a-t-elle emporté sur la foi dans son cœur maternel ? Vient-elle attendrir par ses pleurs ce fils bien-aimé qui s'obstine à vouloir mourir ? Les païens qui la voient le pensent sans doute. Mais non : elle saura comprendre et remplir jusqu'à la fin ses grands devoirs de mère chrétienne.

Armée de tout le courage de sa grande âme et de sa foi plus grande encore ; s'arrachant à sa demeure, à sa famille, à sa douleur, elle est venue voir une dernière fois Symphorien et le suivre jusqu'à la mort.

C'est pourquoi elle se hâte, et fendant la foule étonnée qui s'ouvre par un respect instinctif pour sa douleur, elle s'approche de ce même rempart dont les ruines éloquentes et à jamais consacrées par un si grand spectacle, sont encore debout.

C'est le moment où Symphorien vient de franchir la porte. Une voix s'élève qui fait taire les clameurs de la multitude.

La mère du martyr s'est penchée ; et là, nouvelle Macchabée, elle lui adresse avec un indicible accent, avec la force et la douceur d'un céleste enthousiasme, ces paroles que l'Eglise a rendues deux fois saintes, deux fois immortelles en les adoptant dans sa liturgie : « Mon fils ! mon fils ! Symphorien ! pense au Dieu vivant. Courage ! cher enfant, courage ! Pouvons-nous craindre la mort, la mort qui conduit indubitablement à la vie ? Lève ton cœur en haut, mon fils ; vois celui qui règne au ciel. Non, la vie ne t'est point enlevée. C'est aujourd'hui au contraire qu'elle est transformée pour toi en une vie meilleure ; aujourd'hui que tu vas, mon fils, par un heureux échange, recevoir pour cette vie périssable la vie éternelle des cieux ! »

Symphorien a reconnu la voix de sa mère. Il se retourne et lève vers elle et vers le ciel, avec une expression qui semble être par avance celle de la vision béatifique, ses yeux et ses mains, dont une ensuite s'abaissa pour se poser sur son cœur et dire ainsi à sa mère plus que sa bouche n'aurait pu lui dire. Ce fut là sa seule mais éloquente réponse. Augusta l'a comprise. Résignée, soumise à la volonté divine, mais émue, mère à la fois bien heureuse, mais bien affligée, elle jette encore du haut des murs sur son fils un dernier regard plein de larmes, et se retire en remerciant Dieu de l'avoir choisie pour donner le jour à un martyr.

A ce spectacle admirable, la foule s'est instantanément arrêtée ; le silence règne, les visages sont émus; les licteurs eux-mêmes se sentent atteints par l'influence d'une si haute vertu ; ils respectent tant d'héroïsme, et immobiles de vénération autant que d'étonnement devant ce fils et cette mère, ils hésitent un instant et semblent ne pas oser faire avancer le jeune martyr. Seul le proconsul est resté impassible; craignant peut-être de se laisser émouvoir ou de paraître ému, aussitôt, d'un air grave et sévère, avec une parole sèche et brève, avec un accent dédaigneux, il ordonne de continuer la marche. Quelques pas encore et l'on arrive au lieu de l'exécution.

Plein de son propre courage et du courage que lui a inspiré sa mère, Symphorien se jette à genoux, joint les mains et prie, en attendant le coup fatal qui va briser sa vie. Les chrétiens, émus et attendris, les yeux attachés sur le héros, unissent leurs prières aux siennes. Déjà ils croient voir briller sur son front une couronne qui descend des cieux, et Dieu semble lui sourire. Enfin il a offert une dernière fois sa vie, il a pu dire encore : « Seigneur, je remets mon âme entre vos mains. » Puis il incline doucement la tête et tombe avec une simplicité sublime, sous les yeux de cette foule moins agitée peut-être en ce moment par la haine, que palpitante de pitié et d'admiration ; presque sous les yeux de sa mère, saintement fière du jeune vainqueur à qui elle a donné le jour, le contemplant et l'invoquant déjà comme son ange tutélaire au séjour bienheureux : car Symphorien, son fils, n'était pas mort : il vivait éternellement dans la paix de Dieu, revêtu de la gloire divine comme d'un vêtement.

C'en est donc fait, la victime est immolée : sa tête vient d'être tranchée par le glaive, et son âme est déjà au ciel. Elle s'y est envolée avec sa dernière prière mêlée à son dernier soupir le (22 août de l'an 180.) Symphorien est mort, mais de la mort des héros, de la mort des saints, de la mort qui rend immortel.

L'âme du martyr avait donc quitté la terre. Mais que va devenir son corps dans une ville païenne ? Il est là gisant sur la poussière, comme une victime que vient de frapper le glaive du sacrificateur, et paré de la pourpre de son sang. Sera-t-il permis aux chrétiens de posséder ce qui reste du jeune frère qu'ils ont perdu ?.... Dieu leur accorda cette consolation. Bientôt, en effet, quand la foule fut dispersée, quand le lieu du supplice fut devenu désert, de pieux fidèles, épiant le moment favorable, purent enlever clandestinement le précieux corps. « Alors l'un d'eux, dit saint Grégoire de Tours, recueillit trois petites pierres teintes du sang de Symphorien, les mit dans une boîte d'argent et emporta ou envoya à Thiers cet inestimable trésor, dont il enrichit une petite église construite en bois. » Un autre recueillit pieusement avec une éponge ce même sang qui venait de couler sur la terre des veines du martyr comme une libation pure et inondait son sein.

Non loin du champ public où s'était faite l'exécution, et à peu de distance aussi du lieu où s'éleva plus tard une superbe basilique en l'honneur du saint martyr, se trouvait une fontaine à côté de laquelle était un édicule que l'histoire appelle une *petite cellule*. C'est là que les chrétiens transportèrent avec un affectueux respect les restes sacrés; là qu'ils les inhumèrent après les avoir embaumés. Tous les jours, les fidèles allaient pleurer et prier sur la tombe chérie où le martyr reposait comme dans un port tranquille, après avoir échappé, disent ses Actes, aux naufrages de la vie. C'est là qu'il signala dès lors sa puissante protection et son amour pour son pays. L'humble et petite cellule qui renferma d'abord sa dépouille mortelle devint, continue l'histoire, pour l'Eglise d'Autun, comme une forteresse invincible, un rempart inexpugnable. Les siècles ont prouvé la vérité de cette parole. Et faut-il s'en étonner ? Le sang d'un martyr forme un indestructible ciment.

Le lieu qui fut longtemps le dépositaire du corps de Symphorien, ne dut rester que peu de temps connu seulement des fidèles qui venaient y déposer un furtif hommage. Il fut entouré bientôt de cette célébrité que Dieu seul peut donner, de la célébrité des miracles ; au point, dit encore l'histoire, que les païens eux-mêmes, étonnés des prodiges qui s'y opéraient, le prirent en grande vénération. De la tombe déjà glorieuse du martyr s'échappait une vertu secrète qui guérissait les âmes aussi bien que les corps. Nul ne saurait dire ici-bas la mystérieuse puissance du martyre. Partout où une héroïque et belle âme se dévoue, le ciel s'ouvre et la terre devient féconde. Symphorien reposant dans son tombeau à la porte de la ville qui était sa patrie, en fut toujours le protecteur.

Ici finit l'histoire proprement dite de saint Symphorien.

Il nous reste maintenant une chose à faire : suivre le culte du saint martyr dans toutes les paroisses du diocèse d'Aix où il s'est manifesté, et particulièrement à Vernègues. On verra que ces souvenirs sont aussi intéressants que précieux pour nous.

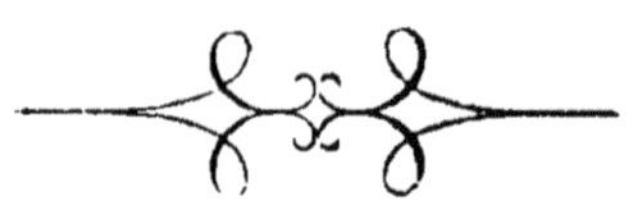

IIe PARTIE

CHAPITRE I

Culte de saint Symphorien dans le diocèse d'Aix

Le tombeau de saint Symphorien fut entouré, dès le principe, des plus religieux hommages ; aucune mémoire ne fut plus chère et plus honorée que celle de l'admirable fils de Fauste et d'Augusta. Rien aussi n'était plus capable de frapper les esprits et de toucher les cœurs. La haute noblesse du jeune Gallo-Romain, sa brillante éducation, la pureté de sa vie, l'élévation et la noble simplicité de son caractère, la fermeté de ses réponses au proconsul, son courage héroïque à marcher au supplice, les paroles de sa mère recueillies par l'Eglise, admirées par toutes les âmes, répétées par toutes les bouches, avaient fait du jeune martyr d'Autun l'idéal de la grandeur et de la beauté chrétienne. Il apparut, à l'origine de l'Église des Gaules, comme une de ces figures, entourées d'un éclat céleste, qui inspirent le respect et l'amour et qui ne s'oublient jamais. Aussi son culte devint-il aussitôt très populaire et se répandit-il bien vite partout.

On ne sera pas étonné d'une telle diffusion, si l'on songe à l'immense retentissement que dut avoir la passion du jeune héros éduen, si l'on compte les nombreux miracles qui signalèrent aussitôt son tombeau, les pèlerins illustres, papes, prélats, princes et rois qui y accoururent de toutes parts, si l'on compte enfin les Autunois distingués, ou les abbés de Saint-Symphorien (1), tels que les Germain de Paris, les Virgile d'Arles, les Grégoire de Langres, les Didier de Vienne, les Aproncule de Clermont, les Eustache de Bourges, les Paul de Verdun, appelés à occuper les plus grands sièges des Gaules, et emportant dans leur cœur la mémoire bénie du martyr leur compatriote et la présentant partout aux hommages de leurs diocésains.

Sous cette influence des premiers pasteurs, on vit un grand nombre de villes élever à Symphorien des autels, des oratoires ou même des basiliques et inscrire son nom à une place d'honneur dans les dyptiques sacrés. Dès la fin du treizième siècle, l'illustre martyr était vénéré dans presque toutes les provinces qui constituent la France actuelle et même au delà des limites du royaume.

Dans le Midi de la France, en Provence princi-

---

(1) Une abbaye en l'honneur de saint Symphorien avait été fondée au 5e siècle par Euphone, évêque d'Autun.

palement, nous trouvons, bien avant cette époque, le culte de notre saint martyr en grand honneur. Il doit avoir une cause que nous aimerions à connaître d'une manière certaine. Serait-il permis de l'attribuer à saint Virgile, archevêque d'Arles qui avait une si grande influence dans le Midi à la fin du sixième siècle ? Ce pontife, en quittant Autun, ne pouvait oublier le titulaire, le glorieux patron de son abbaye.

Il succéda à Licerius sur le siège d'Arles. Saint Syagre, évêque d'Autun, comprenant qu'il était d'une extrême importance que ce siège, le premier des Gaules, à cette époque, fût occupé par un pontife d'un mérite éminent, usa de sa puissante influence pour procurer à la métropole d'Arles, un digne pasteur. Le clergé et le peuple arlésiens acceptèrent avec empressement la proposition du saint évêque d'Autun et demandèrent d'une voix unanime l'illustre religieux. Virgile essaya bien d'opposer une vive résistance à ce choix, mais à la fin, il dut céder et recevoir la consécration épiscopale.

On ne s'étonnera donc pas de trouver le culte de saint Symphorien très répandu dans l'ancien diocèse d'Arles. Le saint abbé, appelé d'Autun au siège de cette célèbre métropole, a dû l'y apporter ou du moins l'y développer beaucoup.

Un village aujourd'hui section de la commune de

Lançon, portait le nom et possédait une chapelle de Saint-Symphorien. Il y en avait une autre dans un hameau de la commune actuelle de Vernègues : Celle-ci était le but d'un pèlerinage très fréquenté, le 22 août, par les populations du Midi. A Martigues, dans l'église paroissiale de Jonquières, on voyait aussi une chapelle sous le vocable du même saint, où les fidèles de tous les environs se portaient en foule également le 22 août.

Mais la ville d'Arles rendait au martyr d'Autun, un culte tout particulier ; car on y célébrait, ce qui est très remarquable, un office propre en son honneur.

De nos jours encore, les chapelles de Vernègues, de Lançon, de Jonquières sont debout, et les fidèles y accourent nombreux pour honorer le jeune martyr et le fêter avec beaucoup d'éclat.

Le diocèse d'Aix ne le cédait guère à son voisin celui d'Arles, sous le rapport de la dévotion à saint Symphorien. Dans la ville métropolitaine, avant 1789, la population se portait en foule chez les cordeliers, où était établi le culte de notre saint. Depuis, les cordeliers ont disparu ; et l'église paroissiale de Saint-Jean-Baptiste *extra-muros* a recueilli cette dévotion. C'est Mgr de Cicé, archevêque d'Aix, qui, après le Concordat, désigna à cet effet, l'église du Faubourg. Chaque année, au 22 août, les fidèles y viennent de tous les points de la ville pour y honorer le martyr; et quoique saint Symphorien ne soit qu'un patron secondaire, sa fête y est célébrée avec une grande solennité extérieure. Pendant l'octave, on chante tous les jours complies avec les litanies du glorieux martyr, suivies de la bénédiction du Saint Sacrement.

Les reliques de saint Symphorien sont presque aussi répandues que son culte dans notre diocèse. Les recherches mentionnées dans les procès-verbaux des commissions établies en 1803 par Mgr de Cicé, pour la vérification des reliques, permettent de constater qu'il y a des ossements de saint Symphorien enfermés dans le buste de ce saint que possède l'église de Saint-Jean-Baptiste *extra-muros*. Seulement les authentiques n'existent plus; et un instant ces reliques furent sur le point d'être classées parmi les douteuses, lorsque des hommes honorables et dignes de foi attestèrent qu'elles étaient exposées avant la Révolution dans la chapelle des Pénitents-Blancs d'Aix, dits de l'*Observance*. Sur ce témoignage l'autorité diocésaine permit l'exposition publique. Salon possède aussi des reliques de notre saint; elles avaient appartenu aux cordeliers établis dans cette ville avant 1793.

Nous trouvons encore des reliques de saint Symphorien dans la basilique primatiale de Saint-Trophime à Arles. « Les reliques de saint Symphorien nous viennent des trinitaires d'Arles. D'après une attestation du Père Philippe Maurel, ministre du couvent de la Sainte-Trinité de cette ville, un ossement de saint Symphorien, très anciennement entre les mains des trinitaires d'Arles, fut retiré le 14 novembre 1648, d'un vieux reliquaire qu'on portait très anciennement en procession, et mis dans un reliquaire en argent. Mgr de Bausset reconnut, le 21 mai 1820, l'authenticité de cette relique, qu'il trouva dans un état parfaitement conforme à la description qui en avait été faite par M. de Girard, vicaire général de Mgr de Grignan, le 10 août 1674 (1). »

Récemment le diocèse d'Aix s'est enrichi d'une partie des reliques de saint Symphorien. « La paroisse de Vernègues, écrivait à Autun M. le secrétaire (2) de Mgr l'Archevêque d'Aix, possède une chapelle rurale dédiée à saint Symphorien dans laquelle, chaque année au jour de sa fête, accourt une foule de pieux pèlerins. Or, on vient de reconnaître que la relique exposée à la vénération des

---

(1) Notice sur les reliques conservées dans la basilique primatiale de Saint-Trophime d'Arles par M. Bernard, archiprêtre d'Arles.

(2) Mgr Boyer, actuellement évêque de Clermont.

fidèles se trouve dépourvue de preuves d'authenticité..... Le vénérable curé du lieu m'a prié de m'adresser en son nom à Mgr l'évêque d'Autun pour obtenir une parcelle des restes du saint martyr. J'ose donc intéresser votre charité en faveur du pasteur et des fidèles dont la dévotion est, à juste titre, si grande envers le glorieux martyr d'Autun, et vous conjurer de nous donner un fragment de ses précieuses reliques. »

La demande fut agréée : on envoya d'Autun, le 11 août 1858, une parcelle d'un des os iliaques de saint Symphorien. Elle est placée dans le socle qui supporte la statue du saint, derrière une lame de verre avec cette inscription :

Ex ossibus sanctis Symphoriani
Proto-martyris augustodunensis

Saints ossements de Symphorien premier martyr d'Autun.

CHAPITRE II

Culte de saint Symphorien à Vernègues

Nous trouvons la dévotion à saint Symphorien établie sur tous les points de notre diocèse, Aix, Arles, Tarascon, Salon, Martigues, Eyguières, Lançon, Eyragues, etc. etc. ; mais dans nul endroit, elle n'y est aussi vivante, aussi efficace, aussi grande qu'à Vernègues.

A quelle époque cette dévotion s'est-elle introduite chez nous ? C'est une question à laquelle il serait difficile de répondre d'une manière certaine. Un vieux cantique nous dit :

> Par les anciens de Vernègues choisi
> Pour protecteur de leur église antique.

Malheureusement il oublie de nous faire connaître la date de ce choix. Il est évident qu'elle est fort ancienne. Quoi qu'il en soit, nous ne serons pas téméraire en affirmant que le culte de saint Symphorien a été introduit à Vernègues durant le pontificat de saint Virgile, archevêque d'Arles, au sixième siècle.

Vernègues avait été, après Arles, le premier théâtre de l'apostolat de saint Trophime. A ce titre il dut attirer les regards de ses successeurs et recevoir de leur part de nombreux témoignages de bienveillance et d'affection. Dès cette époque, l'église d'Arles devait avoir des droits spéciaux sur ce lieu ; au onzième siècle, en effet, on le considérait comme possession immémoriale des archevêques d'Arles. C'est à ce titre qu'il est mentionné dans l'état des domaines qui ont appartenu à Manassès et que doit avoir l'église d'Arles, état dressé au dixième ou au onzième siècle.

Il n'est pas étonnant que saint Virgile voulût doter d'abord notre pays d'une dévotion qu'il avait à cœur de répandre dans son diocèse. Le culte de saint Symphorien à Vernègues doit avoir là son origine et sa cause.

Vernègues possède, comme nous l'avons déjà dit, une chapelle dédiée au saint martyr. Elle est le lieu d'un pèlerinage très populaire. Située à trois kilomètres du village, elle domine un modeste hameau établi dans un terrain rocailleux, sur le penchant d'une colline qui s'étend au pied des monts de Vernègues et forme un de leurs contreforts.

C'est un bâtiment de forme allongée, percé de deux rangées d'ouvertures au midi, d'abord une porte à plein cintre et quatre fenêtres encastrées au milieu d'arcades murées, puis, cinq autres fenêtres qui donnent la pensée d'un étage supérieur, et qui, loin d'indiquer la destination religieuse de cet humble édifice pourraient le faire considérer comme une maison ordinaire. Les arcades, dont nous venons de parler ont été fermées vers la fin du siècle dernier; ce qui nous le prouve, ce sont des ex-voto de 1728 et 1763 qui nous présentent le sanctuaire avec plusieurs ouvertures en forme d'arcades.

Nous ne nous arrêterons pas longtemps à analyser l'architecture de cette chapelle dont les parties sont bizarrement variées. A l'extérieur, rien de remarquable; on peut signaler cependant quelques frises encadrées sous les fenêtres supérieures. Mais entrons dans la chapelle par la porte principale qui regarde le couchant; nous sommes là en présence d'une façade enfouie au milieu de diverses constructions et ornée d'une statue du saint dans sa niche et d'un clocheton.

La chapelle a trois nefs. Voici d'abord la nef principale à plein cintre avec un arceau ogival dans le milieu ; c'est à notre avis la plus ancienne; elle date probablement du douzième siècle ; puis, les nefs latérales et leurs voûtes massives sur d'énormes piliers. Les travées diffèrent entre elles de style dans la nef de gauche ; ce qui indique vraisemblablement qu'elles ont été construites à des époques diverses. La nef de droite est probablement la plus récente. C'est au-dessus de cette nef que se trouvent les cellules formant le premier étage. Primitivement, ces cellules étaient destinées à recevoir les pèlerins qui voulaient se préparer par une neuvaine de prières à la grande fête de saint Symphorien. On les appelait les *neuvainiers*.

La décoration intérieure de la chapelle est très simple : des ex-voto en assez grand nombre, anciens et naïfs, des béquilles suspendues aux murs, des témoignages de pieuse reconnaissance attestent l'intervention miraculeuse du saint.

Depuis le grand pèlerinage de 1876, le sanctuaire possède quatre belles bannières offertes par les paroisses de Salon, de Mallemort, d'Alleins et de Sénas, comme témoignage de leur dévotion à notre glorieux patron.

Le tableau qui surmonte le maître-autel est remarquable par la naïveté de son exécution. Le peintre a représenté le martyre de saint Symphorien. La donatrice du tableau, en costume Louis XIII, figure pieusement agenouillée à côté du saint, au supplice duquel elle assiste avec une indifférence, ou du moins un calme singulier.

Dans la nef de droite, on remarque la reproduction photographique du tableau d'Ingres. Nul n'ignore que l'illustre artiste français a peint dans une toile magistrale la mort glorieuse du saint et que cette belle page forme aujourd'hui le plus précieux trésor artistique de la cathédrale d'Autun.

« Cette scène si touchante, qui est un des plus beaux traits de l'histoire ecclésiastique, et qui se passa, suivant la tradition, près de la porte antique dont on admire encore les restes majestueux, méritait d'être retracée par le pinceau d'un peintre dont le talent est une des gloires de la France ; et il convenait que ce chef-d'œuvre fût placé dans l'église même où sont recueillis avec vénération les restes précieux du célèbre martyr. »

Le moment choisi est celui où le jeune Symphorien, entraîné hors des portes de la ville par les satellites du gouverneur et par les bourreaux, est conduit au temple de Bérécynthe, pour y sacrifier aux idoles ou recevoir la mort. Sa mère, placée près de là sur le haut des murailles de la ville, l'encourage à souffrir avec une héroïque constance le supplice qu'on lui prépare, et lui rappelle l'immortelle récompense qui l'attend au ciel. Symphorien se tourne du côté de sa mère pour lui dire un dernier adieu, et lui montre que son cœur affermi par la foi est prêt à braver les tourments et la mort et qu'il brûle de verser tout son sang pour l'Evangile de Jésus-Christ. Une foule nombreuse qui le suit exprime les divers sentiments d'étonnement et d'indignation, de douleur et de pitié que ce spectacle inspire dans une ville presque entièrement encore païenne.

C'est la photographie de ce célèbre tableau que notre chapelle de saint Symphorien possède depuis quelques années. Elle est due à la générosité d'un vaillant Autunois, le R. Père Garnier, ancien supérieur des Oblats de Marie Immaculée d'Aix.

La reproduction du tableau d'Ingres, des ex-voto, des béquilles, quelques bannières, voilà le modeste ornement qui rappelle dans notre sanctuaire le nom et la puissance de saint Symphorien. Ajoutons que dans ces derniers temps, elle a été restaurée avec un grand soin et un bon goût par M. l'abbé Bernardi. En somme, rien n'attirerait l'attention sur ce lieu, si ce n'était le pèlerinage traditionnel fort ancien et fort populaire qui s'y fait chaque année.

CHAPITRE III

Pèlerinage de Vernègues

Nous sommes au 21 août, dès l'heure de midi, la colline de Saint-Symphorien, les champs ordinairement déserts prennent vie et se changent en une vaste fourmilière humaine. Les villes, les villages voisins, Salon, Lambesc, Eyguières, Mallemort, Sénas, Alleins, Charleval, La Roque, etc. etc., envoient chacun une nombreuse députation de fidèles. Des familles se font un pieux devoir de venir témoigner tous les ans à l'illustre saint leur reconnaissance et leur amour. Si vous les interrogez à ce sujet, elles vous répondront qu'un de leurs ancêtres, un de leurs enfants, un de leurs proches a sollicité et éprouvé ici la bienveillante intervention du martyr. Les ex-voto et les béquilles en font foi.

Ce serait le lieu peut-être d'entrer dans quelques détails au sujet des miracles remarquables opérés dans le sanctuaire de Saint-Symphorien ; mais le cadre que nous nous sommes tracé ne nous le permet pas. Il nous serait pénible cependant de résister à un désir. Parmi les membres du clergé, qui ajoute considérablement à l'éclat de la fête, nous sommes heureux de remarquer, chaque année, un prêtre qui a été, dans ses premiers ans, l'objet de la protection miraculeuse de notre saint martyr. Depuis quarante ans, ce digne ecclésiastique vient, avec une fidélité admirable, payer publiquement à saint Symphorien le tribut de sa gratitude la plus profonde.

A 3 heures, conformément à un usage probablement aussi ancien que le pèlerinage, toute la population de Vernègues, accrue d'une foule de pieux pèlerins, se met en marche au son de la cloche et escorte en une majestueuse procession la statue vénérée qui descend des hauteurs du village dans son sanctuaire de prédilection : tout le monde veut avoir l'honneur de la porter. Cette foule, sa démarche recueillie, les cantiques qu'elle entonne donnent à cette cérémonie un caractère à la fois imposant et consolant. Après un assez long parcours, la procession arrive enfin devant la chapelle. L'image du saint est exposée à la piété des fidèles, qui se précipitent nombreux pour lui exprimer par leurs baisers leur respect et leur amour. Les mères lui présentent leurs enfants dont les petits bras roses lui forment innocemment comme une guirlande de fleurs.

Cependant l'intérieur de la chapelle est envahi ;

les chants qui n'ont cessé de retentir redoublent alors avec une ferveur nouvelle. C'est une ovation enthousiaste qui accueille le grand serviteur de Dieu à son entrée dans le sanctuaire. Les vêpres du martyr se chantent suivies de la bénédiction du Saint Sacrement. C'est la première partie de la fête et non la moins attendrissante.

Mais quelques instants de repos sont assurément indispensables par une brûlante température, les pèlerins se dispersent sous les ombrages clairsemés de la colline et de la plaine pour prendre leur repas.

Cependant la nuit s'est faite, le sanctuaire s'illumine ; alors spontanément des milliers de feux brillent ; c'est la procession aux flambeaux qui commence à la clarté des cierges et qui se déroule à travers la colline au milieu des chants les plus variés et les plus entraînants. Vu de la plaine ce spectacle doit être féerique. Le cortège, au milieu duquel le saint vient encore de bénir son peuple, rentre enfin à la chapelle. C'est alors que l'éloquence apporte au saint martyr le tribut de ses louanges. On écoute toujours avec intérêt l'histoire du jeune héros, et cette histoire cent fois redite offre à la piété des fidèles un aliment nouveau et leur inspire chaque fois de nouveaux sentiments d'admiration, de respect et d'amour.

Mais la fête n'est pas terminée. C'est pendant toute la nuit un redoublement d'enthousiasme ; les cantiques succèdent aux cantiques avec un pieux entraînement; les prières se mêlent aux chants, puis vient l'heure des messes. Un grand nombre de pèlerins ne veulent pas quitter ce sanctuaire qui leur est cher sans s'être assis au banquet de l'Eucharistie et sans avoir demandé à Notre-Seigneur Jésus-Christ, par l'intercession de saint Symphorien, aide et protection.

Le moment cependant est arrivé de quitter ce lieu béni et de déposer un dernier baiser sur les reliques du martyr. On part alors, la joie dans le cœur, le calme dans l'âme, avec la douce espérance de se retrouver à un an de là dans cette chapelle bien aimée.

La statue du saint est laissée à son sanctuaire jusqu'au troisième dimanche d'octobre; il est bien juste que les habitants du hameau jouissent de ce précieux trésor et qu'ils puissent plus facilement témoigner à leur glorieux patron leur amour filial. Ils tiennent à cette image comme à la prunelle de leurs yeux. Elle leur rappelle la circonstance à jamais mémorable de son martyre, car le saint est représenté tenant sa tête sanglante entre les mains.

Nous ne saurions dire depuis quel temps Vernègues possède cette statue ; elle ne nous paraît pas ancienne. Elle a été acquise, croyons-nous, après la Révolution au moment de la réouverture des églises. Primitivement cette statue était argentée; elle est maintenant dorée. Cette transformation est due à l'initiative de M. l'abbé Penon, notre prédécesseur.

Outre la chapelle, saint Symphorien a un oratoire fort ancien et assez bien conservé, portant la date de 1627. Il se trouve un peu à gauche de la route actuelle qui mène du sanctuaire à Vernègues.

Nous croyons avoir tout dit au sujet de la dévotion et du culte dont on entoure notre saint sur ce sol béni et privilégié. Si nous voulons, pour terminer, un contraste à cette exubérance de vie, une ombre à ce tableau, jetons un regard sur ces sombres massifs de verdure que l'on aperçoit au fond de la vallée de la Maison-Basse ; pénétrons sous ces voûtes. Ici tout paraît muet ; mais écoutez et remarquez : ces pierres vont vous dire les splendeurs du passé ; cette colonne au galbe élégant, ce chapiteau richement couronné d'acanthe vont se lever comme des témoins et vous rappeler les mystères de l'antique mythologie. Les colombes voltigent comme autrefois sur le faîte du temple, car c'est le temple de Vénus que vous avez sous les yeux. Nous pourrions nous arrêter sur ces richesses archéologiques ; mais ce n'est pas le lieu et le moment. Le Christ a vaincu

Vénus, brisé ses autels ; et de ce joyau architectural il ne reste que quelques fragments épars, presque frustes, indifférents au plus grand nombre et devant lesquels s'arrêtent seuls, rêveurs, les artistes et les penseurs. Que nos regrets ne soient pourtant pas excessifs. Quelque brillantes qu'aient pu être ces fictions disparues, elles sont aujourd'hui remplacées par l'éternelle vérité ; c'est avec justice que la croix triomphante de l'humble chapelle domine les débris de l'antique édifice qui gît dans la poussière des siècles écoulés.

EPILOGUE

Nous avons achevé notre tâche. En demandant pardon à saint Symphorien de nous en être acquitté si imparfaitement, nous le prions d'avoir égard à nos bonnes intentions qui ont été de le faire mieux connaître et partant de le faire mieux aimer.

Qu'il nous soit permis d'ajouter un mot et de vous l'adresser spécialement à vous, nos bien aimés paroissiens, si heureux et si fiers de reconnaître pour patron le jeune martyr que vous admirez et que vous aimez comme votre modèle. N'oubliez pas cependant que saint Symphorien n'agréerait pas vos hommages extérieurs, si vous n'y joigniez l'hommage spirituel d'une conscience pure, d'une âme droite et ferme, d'une religion sincère; si vous ne cherchiez à reproduire en vous ses vertus.

Cher et glorieux martyr, priez pour nous, priez pour les familles de cette paroisse qui vous honore depuis treize siècles; priez pour ce diocèse qui vous a élevé de nombreux autels; priez pour celui qui a consacré quelques-unes de ses heures à redire votre gloire, et qui s'efforcera toujours de propager votre culte.

FIN.

LITANIES

EN L'HONNEUR DE

SAINT SYMPHORIEN

Seigneur, ayez pitié de nous.
Jésus-Christ, ayez pitié de nous.
Seigneur, ayez pitié de nous.
Jésus-Christ, écoutez-nous.
Jésus-Christ, exaucez-nous.
Père céleste, qui êtes Dieu, ayez pitié de nous.
Fils, Rédempteur du monde, qui êtes Dieu, ayez pitié de nous.
Esprit saint, qui êtes Dieu, ayez pitié de nous.
Trinité sainte, qui êtes un seul Dieu, ayez pitié de nous.
Sainte Marie, priez pour nous.
Reine des Martyrs, priez pour nous.
Reine des Vierges, priez pour nous.
Saint Bénigne, saint Andoche et saint Thyrse, priez pour nous.
Saint Faustus et sainte Augusta, priez pour nous.
Saint Symphorien, priez pour nous.
Saint Enfant des Saints, priez pour nous.
Premier-né des Apôtres d'Autun, priez pour nous.
Etoile brillant au milieu des nuages, priez pour nous.
Rose épanouie, aux jours du printemps, priez pour nous.
Sanctuaire de l'innocence, priez pour nous.
Vieillard dès l'enfance, priez pour nous.
Merveille digne des regards des Anges et des hommes, priez pour nous.

Modèle d'obéissance, priez pour nous.
Encensoir d'oraison, priez pour nous.
Destructeur des idoles, priez pour nous.
Athlète du nom chrétien, priez pour nous.
Contempteur des gloires du monde, priez pour nous.
Vase d'or massif, priez pour nous.
Martyr invincible de la Foi, priez pour nous.
Héros qui avez triomphé des caresses et des fureurs du tyran, priez pour nous.
Très digne fils d'une mère généreuse, priez pour nous.
Agneau courant à l'immolation, priez pour nous.
Lis empourpré de sang, priez pour nous.
Lampe toujours brillante au milieu des ténèbres de la mort, priez pour nous.
Conquérant de la vie la meilleure, priez pour nous.
Lampe étincelant sur le candélabre sacré, priez pour nous.
Astre de l'Eglise éduenne, priez pour nous.
Splendeur et sauvegarde de la cité du Christ, priez pour nous.
Miroir et soutien de la jeunesse, priez pour nous.
Vigne féconde, priez pour nous.
Encens de suave odeur, priez pour nous.
Secours des malades, priez pour nous.
O Symphorien, notre glorieux frère, priez pour nous.
O Symphorien, notre doux frère, priez pour nous.
O Symphorien, notre bien-aimé frère, priez pour nous !

Agneau de Dieu, qui effacez les péchés du monde, pardonnez-nous, Seigneur.

Agneau de Dieu, qui effacez les péchés du monde, exaucez-nous, Seigneur.

Agneau de Dieu, qui effacez les péchés du monde, ayez pitié de nous, Seigneur.

Jésus-Christ, écoutez-nous.
Jésus-Christ, exaucez-nous.

℣. Le Seigneur a été ma force et ma gloire.
℟. C'est lui qui s'est fait mon sauveur.

PRIONS.

Dieu tout-puissant et éternel qui avez donné à Symphorien, votre martyr, de combattre un vaillant combat, en triomphant des caresses du monde et en méprisant ses fureurs; donnez-nous la force d'imiter la fermeté de foi que nous admirons dans ce jeune héros: nous vous en supplions par Notre-Seigneur Jésus-Christ votre fils, qui, étant Dieu, vit et règne avec vous, en l'unité du Saint-Esprit, dans tous les siècles des siècles.

Ainsi soit-il.

CANTIQUES

A

SAINT SYMPHORIEN

I. — Sur l'air : *Entends, Vierge de lumière.*

REFRAIN

Accours, peuple de Provence,
Viens prier le grand Symphorien !
Implore avec confiance
Ton patron, ton puissant soutien !

De la Gaule enfant sublime,
Dans Autun il vit le jour,
Une mère magnanime
L'entoura de son amour.

Il reçut, faveur insigne,
En de saints et doux transports,
De l'évêque saint Bénigne,
Le flot pur qui fait les forts.

Au début de sa jeunesse,
Symphorien fuit tout honneur ;
A Cybèle la déesse
Il préfère un Dieu sauveur.

Loin de craindre la colère
D'un puissant persécuteur,
Rendu fort par la prière,
Symphorien devient vainqueur.

2

Ni les fers, ni la torture
N'ont pu vaincre le martyr,
Augusta même l'adjure
De combattre et de mourir

« A Jésus reste fidèle,
« O mon fils, ô Symphorien !
« Vois le ciel où Dieu t'appelle,
« Cours et meurs en bon chrétien. »

Admirez tant de courage !
Symphorien vole au trépas ;
Sans regret, pour son jeune âge,
Des martyrs il suit les pas.

En ce jour comblons d'hommage
Ce martyr si glorieux ;
Il protègera notre âge
En priant du haut des cieux.

II. — Air : *Vierge de Lourdes.*

REFRAIN

En ce beau jour qu'illustre ta victoire,
Reçois nos vœux, ô Symphorien ;
Nos voix toujours ont célébré ta gloire,
Toujours notre cœur t'appartient !

Jeune et déjà guerrier d'élite,
Moins chargé d'ans que de travaux.
N'obtiens-tu pas le beau mérite
D'être l'aîné de nos héros ?

Premier martyr de notre Gaule,
Qui sus mourir presqu'en naissant,
Nul avant toi, sur son épaule,
Ne mit la pourpre de son sang.

O doux enfant, ta gloire étrange
Du ciel partage les désirs;
Tous les saints t'ouvrent leur phalange,
Chérubins, vierges et martyrs.

Permets à notre faible lyre
D'unir au ciel son humble voix.
En ce beau jour où tout respire
Le souvenir de tes exploits!

Rien ne t'effraie, âme sereine.
Rien ne t'arrête en son essor.
Je t'aperçois, bravant sans peine
Et les cilices et la mort.

Au champ fatal (nouveau mystère),
Conduit par l'ange du berceau,
On entendit la sainte mère
Presser tes pas vers le bourreau!

La mort pour toi fut une fête!
Dieu t'a souri comme Augusta.
Les palmes tombent sur ta tête:
Les cieux brillants s'ouvrent déjà!

Jouis enfin d'une victoire
Où ton trépas a mis le sceau;
Mais souviens-toi, malgré ta gloire,
Des compagnons de ton drapeau.

Inspire-nous l'ardent courage
Que veut le Christ de ses soldats,
Et fais-nous rompre davantage
A la fatigue des combats!

Relève-nous dans la défaite
Et puissions-nous par ton secours,
Dans le séjour de la conquête
Chanter ta gloire pour toujours.

REFRAIN

O Symphorien, honneur à ta vaillance,
Reçois nos vœux pour tes bienfaits ;
Sois notre égide et prends notre défense,
Nous te bénirons à jamais!

III. — Air : *Goûtez, âmes ferventes.*

REFRAIN

En ce jour de victoire
Dans l'univers chrétien,
Il n'est qu'un chant de gloire :
Honneur à Symphorien! (*bis*).

Que toute voix s'apprête
A faire retentir
Un bel hymne de fête
A notre saint martyr.

Il trouva dans ses langes
La gloire et le bonheur,
Un nom dont les louanges
Avaient grandi l'honneur.

Mais à tant de richesses
Disant un fier adieu,
Dans sa pure tendresse
Son cœur n'aima que Dieu !

Vainement embellie
De ses plus doux appas,
L'aurore de la vie
Brillait devant ses pas.

Epris de sacrifice,
Le noble adolescent
Préfère le calice
Que but un Dieu mourant.

C'est en vain qu'on le presse
De renier sa foi ;
Ni tourment, ni caresse
Ne lui causent d'émoi.

Il a devancé l'âge
Où l'on est un héros !
L'ardeur de son courage
Etonne ses bourreaux !

O mère magnanime,
Pourquoi l'exhortez-vous !
Cette pure victime
Vole au-devant des coups.

Ah ! priez, au contraire,
Pour nous, faibles soldats,
Pour nous qui, sur la terre,
Fuyons les bons combats !

Priez, ô mère sainte,
Et vous, noble martyr,
Pour que vos fils, sans crainte,
Apprennent à souffrir !

Des murs de la patrie,
Où vous régnez tous deux,
Dirigez notre vie,
Guidez-nous vers les cieux !

IV. — Air : *Pitié mon Dieu.*

Unis de cœur aux concerts angéliques,
Chrétiens pieux, célébrons en ce jour
De Symphorien les vertus héroïques,
Chantons sa gloire au céleste séjour.

Chœur et Refrain {
Avec les anges
Chante, chrétien,
Gloire, louanges
Au martyr Symphorien.

Le saint martyr, dès sa tendre jeunesse,
Fuit les plaisirs et les amusements :
Loin d'adorer Cybèle la déesse
Il préféra subir tous les tourments.

On lui disait: En ce grand jour de fête
Amusons-nous, contentons nos désirs.
Mais Symphorien fidèle leur répète:
Je suis chrétien, j'abhorre vos plaisirs.

— Viens prendre part à nos jeux, à nos danses
Tous les plaisirs en ce jour sont permis.
Le Saint rèpond: Vos jeux, vos jouissances
Sont criminels et dignes de mépris.

Si de César acceptant les promesses
Tu veux enfin obéir à sa loi,
Tu recevras les plus grandes largesses:
— Je suis chrétien et fidèle à ma foi.

O Symphorien! tes refus téméraires
Vont irriter contre toi l'empereur;
Tu vas subir des châtiments sévères:
— Je suis chrétien, j'ai Dieu pour défenseur.

Quand des bourreaux, les verges et la rage
Ensanglantaient le corps du saint martyr,
Il répondait toujours plein de courage:
— Vive Jésus! pour lui je veux mourir.

A la fureur, à la tendresse extrême
D'Héraclius Symphorien riposta:
— Je suis chrétien fidèle à mon baptême;
Plutôt mourir que d'être un apostat.

Trois jours après, sous le glaive homicide
Notre héros triomphait glorieux,
Et sa belle âme innocente et splendide
Quittant son corps, s'envolait dans les cieux

O Symphorien ! du séjour de la gloire
Obtenez-nous d'imiter vos vertus,
Afin d'avoir comme vous la victoire
Et comme vous, la palme des élus.

Avec les anges
Chante, chrétien,
Gloire, louanges
Au martyr Symphorien.

V. — Sur l'air du CANTIQUE DE LOURDES :

O Mario,
La Patrio, etc.

REFRAIN :

O Provence !
Confiance
En Symphorien
Le héros du nom chrétien,
Ta gloire et ton soutien !

Vers l'antique sanctuaire
Tout un peuple est accouru ;
En ton pouvoir tutélaire
Qu'il est heureux d'avoir cru !

Dans le cours lointain des âges,
De nos fidèles aïeux
Tu recevais les hommages ;
Daigne aussi bénir nos vœux.

De la cime solitaire,
Où s'élève ton autel,
Tu resplendis sur la terre
Comme un doux rayon du Ciel.

Jamais ta main ne fut lasse
De répandre des faveurs,
Ta main prodigue la grâce,
Et les bienfaits à nos cœurs.

En célébrant sa mémoire,
Malheureux, qu'il a guéris,
Ajoutez à son histoire
Une page d'un grand prix.

Le Vernègue qui t'implore
S'est fait notre ambassadeur ;
La Provence en lui t'honore,
O céleste protecteur !

Entends-la..... de la Durance,
Aux rivages de la mer,
C'est un cri de confiance,
Un doux et pieux concert !

Vois cette nuit glorieuse
Dans laquelle, ô Saint Martyr.
En couronne lumineuse
Mille feux vont resplendir !

Donne-nous la flamme sainte
De l'amour et de la foi,
O toi, qui souffris sans plainte
Et qui mourus sans effroi.

Daigne agréer nos cantiques
Et qu'ils soient le gage heureux
De ces concerts angéliques
Que nous chanterons aux Cieux.

VII.

REFRAIN

Veille sur nous, ô Symphorien,
Honneur à ta puissance ;
Reste toujours notre soutien,
Honneur à ta vaillance.

Nous venons dans ton sanctuaire,
Te prier, te bénir;
Sois pour nous l'ange tutélaire,
O glorieux martyr.

Vernègue à cette heure de fête,
Tressaille de bonheur,
Fier de contempler sur ta tête
Le signe du vainqueur.

Aux pieds de ton auguste image
Nous tombons à genoux ;
De notre cœur reçois l'hommage;
Grand saint, protège-nous.

Mille voix s'unissent aux anges
Pour chanter tes bienfaits ;
Nos voix redisent tes louanges,
Nous t'aimons à jamais.

Entends ce cri de confiance,
Le cri de notre foi:
Jette un regard sur la Provence
Qui se confie en toi.

Nous te suivrons, ô beau modèle
Dans les sentiers du bien :
Ton peuple restera fidèle
A la foi du chrétien.

Nous ne craindrons ni les promesses,
Ni les cruels tourments ;
Nous mépriserons des largesses
Les appas séduisants.

En ce jour de sainte allégresse,
Daigne exaucer nos vœux,
Remplis-nous de la pure ivresse
Qu'on goûte dans les cieux.

VIII. — A Moussu l'Abat Bouchet

Curat dou Vernègue.

Er : *Prouvençau e catouli.*

REFRIN

Nous veici, sant Safourian
Nous veici (*bis*) touti que sian,
Voulèn èstre bon crestian
Coume tu, sant Safourian.

Au mitan de la naturo
S'es toun culte counserva
E noumbrous, sus questo auturo
Se relargon tei benfa.

Au Vernègue en ta capello
Mai qu'un réi siès ounoura;
Pèr la faire que pu bello
Aven touti travaia.

Li flioureto soun culido,
Soun aducho en toun ounour;
Mille voues entrefoulido
Te redison noste amour.

Es ici que nosti réire
Te preguèron emè fe
E coume eli voulèn crèire,
Faire en plen noste deve

O patroun de la jouinesso,
D'èlo pren toujou souci;
Gardo-la dins la sagesso
E saupra vieure e mouri.

Safourian, de nosto Franço
Siès un enfant glourious,
S'un jour vèn la maluranço,
Oh! souvène-te de nous.

S'es un fraire que demando,
Es que noun l'escoutaras?
Nosto fe segur es grando,
E jamai l'oublidaras.

Pregaras Dièu que nosto amo
Trove dins lou paradis
Lou bonur qu'eici reclamo
E qu'amount jamai finis.

IX. — Air : *De la Prouvençau fidèlo* ;

Ou bien : *Bergié, canten la vitori.*

REFRIN

La Prouvenço t'es fidèlo,
Mai que mai toutis lis ans ;
De l'auta de ta capello
Benis-la, sant Safourian !

Mai la draio siégue duro
Venen toujou pu noumbrous ;
As ben mai mounta d'auturo
Su lou camin de la crous !

E piei, coumo de tout agi,
Sian mounta, toujou fidèu,
Lou camin, souto li viagi,
Es vengu forço pu bèu !

D'aillur quau de la mountado
Aujarié plagne l'esfor,
Quan ta gleiso benurado
Nous largo tant de tresor ?

Es eici lou tabernacle
Tan ama dou terradou,
Es eici que fas miracle,
Que la graci plou toujou.

Su li fleù gardes l'empèri,
D'où salu tènes la claù,
Soulages touto miseri,
Fas fugi touti lei maù !

Fai que toujou la Prouvenço,
Qu'es l'einado de la fe,
En mantenen sa cresenço
Flourigue coum'autreifé

E de longo l'encountrado
Benira ta santo man
E sempre sera cantado
La glori de Safourian.

X. — Er : *Peuple chrétien, chante un nouveau cantique*

Bon Prouvençau, pople à l'amo fidelo
Qu'une fe grando e lou divin amour
Vous fai veni dedins esto capello
Per ie prega noste sant prouteitour ;
Canten ensèm e touti tant que sian
Lou glourious martir sant Safourian,
E que sa vido
Serve de guido
E de moudele à touti li crestian :

Sant Safourian briho coume un bel ile
Coume un soulèu dins Autun soun païs.
D'enfant pu bèu, pu sage, pu doucile
Poudès cerca n'en trouvarès pas gis,
Regardas-lou quand fai soun ouresoun
Lis une plega, li man jouncho, à geinoun.
Entré lou veire
Cujarias creire
Que vostis iue veson un angeloun.

Per lis eisemple e li boni doutrino
De sant Andoque, eu saup coume se dèu
Ama Jesus, ama la lei divino
La Religioun, e ie sara fidèu ;
Tamben veiren qu'amara mai soufri
E se lou fau amara mai mouri
Pu lèu que d'estre
Traite à son mestre
En renegant la fe de Jesus-Christ.

Autun fasié la festo aniversari
De sa divesso eme trefoulimen
Cibèlo alors pourtado sus un carri
Fasié lou tour dou païs Autunen.
Selon la dicho e l'ordre imperiau
La vano idolo en aqueu jour reçaup
Sus soun passage
L'encen, l'oumage
L'adouracioun dou pople fouligaud.

Mai Safourian noun pren part à la festo
Adoro pas coume lou pople fai
E de l'idolo en destournant la testo
Vou pas la veire e liuen d'aqui s'envai.

Eraclius saup aco tout d'un tèm,
N'es regagnous e n'en fai fio di dènt;
        Forço proumesso
        Forço rudesso
Van s'espandis d'avant lou sant jouvènt.

Digo-me dounc, quau sies, pichot jouin'ome
Ie dis lou juge em'un èr irrita ?
« — Ieu sieu crestian e Safourian me nome
« Sieu lou garçoun de Fauste et d'Augusta,
« Ieu sieu crestian, me n'en fau grand'ounour
« N'ai d'autre Dieu que moun Dieu creatour;
        « Sieu l'adouraire
        « De moun Sauvaire
« Que sus la crous es mort per moun amour. »

Eraclius s'encagno, s'enfurouno
En entendènt parla lou jouveinet,
Per sa *resoun dou pu foert* l'impresouno
E l'encadeno en un croutun estret.
Ie fai soufri coumo à-n-un criminèu
Dou cavalet lou suplici crudèu,
        Sa car s'estrasso;
        Soun sang fai traço
Sou li vergan dis inuman bourrèu

Tres jour après, lou martir erouïque
Au tribunau coumpareigué pu fort,
E coufoundé lou gouvernaire inique
Que lou coundano à la peno de mort.
Quand Augusta saup e vei que soun fieu
Dèu estre mes à mort coumo un agneu
        Vai d'elo memo
        Illustro femo
Per l'encita de mouri per soun Dieu.

« Moun fieu, moun sang, courage, coufianço,
« Regardo amoun adins lou paradis,
« Regardo ie l'eterno benuranço
« Di sant martir que per tu s'espandis.
« Jesus, lis ange eme touti li sant
« Fan *vene-vene* e te porjon la man;
« Demoro sènso
« Gès de cregnènço
« Car, la mort es la vido, moun enfant !... »

Encouraja per la voues de sa maire
E per li rai d'un trelus celestiau
Lou sant martir d'eu-même vai se traire
Souto lou tai de l'horriblo destrau
En meme tèm li vou d'ange aboundous
Fasien ausi li councert li pu dous.
E raiounanto
Soun amo santo
S'enauro au cèu emé li benurous.

Sant Safourian ! escoutas la preiero
Qu'en aquest jour vous fan li pelerin
Agues piata de touti si misero
Acourdas ie voste secour divin.
Outenès-nous de renega jamai
Ni noste Dieu, ni nosto fe nimai.
Eme la graço
D'ave'no plaço
Proche de vous au celestiau palai.

XI. — Air: *O Mario, la patrio*, etc.

REFRIN

A ta glori,
Que fai flori,
San Safourian,
Bravi pelerin que sian,
Pican touti di man.

Eres jouine, mai toun iage,
T'empaché pas d'èstre fort,
De lucha, plen de courage,
E de mesprèsa la mort.

Li soulas d'aquesto terro
Avien bello à trelusi,
L'esfrai te faire la guerro,
Crègnes ni poù, ni plesi!

Sabès que la crous es facho
Per servi d'escalo au cèu,
Que lou martire es la pacho
Per l'aguè forço pu lèu.

E l'idolo desbaussado,
E lou juge counfoundu,
E ta maire ben amado,
Touti dison ta vertu.

Se ta jouine e noble testo
Toumbo souto la destràu
A ta glori! car nous resto
Toun bèu noun qu'es immourtaù.

Coume ta maire dou barri
De l'urouso eternita
Nous issauces dins l'esglari
E nous fas meiou sourda.

Ah ! quan nosto fe trampèlo,
Que fai fre dins noste cor
Tu, de ta santo capèlo,
Fai-nous lume vers lou port.

E pousquen, coume au Vernègue.
T'ana veire eilamoundau
E canta noste : *Ansin siègue*,
Dins l'empèri célestiau.

XII. — Sur l'air de *Nosto-Damo de gràçi de Maiar*

REFRIN

Celebren la memori
Dou pu brave dei sant,
E la vido e la glori
Dou grand sant Safourian.

Gènt dou Vernègue e de la Roco,
De Charlava, d'Alen, d'Auroun,
De Pelissano que lou toco,
De Malamort, Lambesc, Seloun.

Èro jouine, avié tout pèr plaire;
Èro riche, estima pertout;
Amavo sei gènt e sa maire,
Mai amavo mai Diéu que tout.

Sa religien èro la nostro
La praticavo en bon crestian,
Sènso agué pou de faire mostro
De sa devoucien i pagan.

Un jour li pagan emé esclandre
Proumenavon en proucessien,
Sa divesso, un grand escamandre
Qu'aqui Cibèlo li disien.

Escandale! cadun ounoro
Aquéu troues d'aubre e de gipas
« Safourian, li cridon, adoro!
« Acò 's mau fa, lou farai pas! »

Toumbo sus éu la poupulaço;
Pecairé! n'es pas lou pu fort;
Lou juge èro dessus la plaço;
Lou juge lou coundano à mort.

De que fara sa pauro maire,
Quand vei tout aquel estrambord;
Ço qu'uno crestiano dèu faire
Qu'amo mai l'amo que lou cors.

« Bravo! moun bel enfant, li crido,
« Remembro-te dou Diéu vivènt,
« Vai, vai, la mort meno à la vido
« Courage! amount se reveirèn. »

E Safourian marcho au martire
Reviscoula, leis uei au cèu;
Sus sa bouqueto un dous sourire,
L'enfant se trufo dou bourrèu.

Se trufo de la lei infamo
Que vai contro la lèi de Diéu ;
Amo bèn mai sauva soun amo
E dis « Fes touti coumo iéu »

Lou bourrèu li tranco la tèsto ;
Soun amo volo en paradis ;
Leis ange amoundaut li fan fèsto ;
Eù d'amoundaut vuei nous souris.

Aro que dou bon Diéu es l'oste,
Nous dis : « Sieguès jamai crentiéu
« Toujour pertout coste que coste
« Amas, lausas e servès Diéu. »

Eici qu'avès moustra miracle,
Bèu sant e qu saup quant de cop,
Sias noste rèi, sias noste ouracle
Jamai vous imitaren trop.

Oh ! n'a passa d'aigo en Durènço
Dempièi ia bèn trege cènts an
Mai li fa rèn : sèmpre en Prouvènço
Canton touteis e cantaran.

XIII. — Er : *Ave, ave Maria*

REFRIN

Vivat, vivat
Grand sant Safourian
Vivat, vivat,
Grand sant Safourian.

Qu's qu'ès lou moudèlo
Dei braveis enfant,
Courajous e sàgi ?
Es sant Safourian.

Qu's qu'a gès de crento
D'èstre bon crestian,
E de lou fa vèire ?
Es sant Safourian.

Qu's qu'amo mai perdre
Sa vido e soun sang,
Que de faire fauto ?
Es sant Safourian

Qu's que se revolto
Contro un malapian,
E sa lèi infamo ?
Es sant Safourian.

Qu's que dins soun amo
Espèro en cantant,
Maugrat lei menaço ?
Es sant Safourian.

E qu d'aquesto ouro
Jouis trioumphant
Dou bonur eterno ?
Es sant Safourian.

Qu's que deven nautrei
Ome, fremo, enfant,
Imita sèns cesso ?
Es sant Safourian.

Per sauva nosto amo
Maire qu'eici sian
Imiten la maire
De sant Safourian.

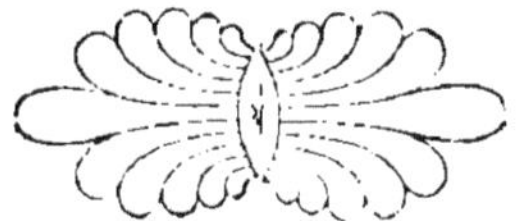

Aix. — Imprimerie J. NICOT, rue du Louvre, 16. — 0275

www.ingramcontent.com/pod-product-compliance
Ingram Content Group UK Ltd.
Pitfield, Milton Keynes, MK11 3LW, UK
UKHW020939180726
13838UKWH00003B/1033